AF503473

BERTRAND DU GUESCLIN

In-12 5ᵉ série

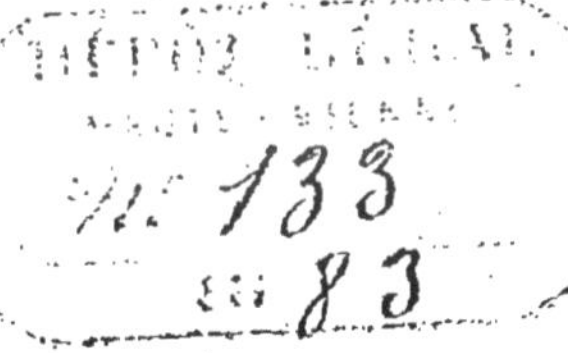
DÉPOT LÉGAL
133
83

In 27
33961

PROPRIÉTÉ DES ÉDITEURS

Bertrand Du Guesclin

LES VIEUX GUERRIERS
DE LA FRANCE

BERTRAND DU GUESCLIN

PAR

Mlle CL. JURANVILLE

Auteur du **Voyage au pays des Merveilles,** *etc.*

LIMOGES

MARC BARBOU ET Cie, IMPRIMEURS-LIBRAIRES

Rue Puy-Vieille-Monnaie

—

1883

La Vie & les grandes Actions

DE

BERTRAND DU GUESCLIN

CONNÉTABLE DE FRANCE

SOUS LE ROI CHARLES V

PREMIÈRE PARTIE

Du Guesclin (Bertrand) naquit en 1320, au château de La Motte-Broon, près de Rennes, d'une des plus anciennes familles de la Bretagne, et qui était en haute estime dans le monde féodal du XIVe siècle.

Dès sa plus tendre enfance, il donna des

marques de son courage, de son humeur
batailleuse, et aussi « de la force et de la
dureté de son corps. » Il fit, à cette époque, le désespoir de son père et de sa mère
par sa laideur, ses manières discourtoises
et son humeur irascible. Sa seule étude
était de guerroyer, malgré ses parents,
avec les enfants des environs, même avec
les fils de *vilains* (1). Il les divisait en
deux bandes, qui se battaient l'une contre
l'autre, lui, choisissant de préférence les
soldats les plus forts pour les combatîre.
Très - souvent il revenait de ces mêlées
tout sanglant et meurtri, — « tous ses
draps déchirés, » toujours battant ou battu. Ses frères et ses sœurs n'étaient pas
les derniers à se ressentir de son humeur
violente et indomptable. Jamais il n'apprit à lire et à écrire, ce qui, du reste,
n'était point rare alors parmi les gentilshommes et les gens de guerre, plus braves

(1) Vilain, roturier, manant. — Noms donnés autrefois à celui qui n'était pas noble.

que savants. Le maître d'armes eut plus de succès que son précepteur. A seize ans, Bertrand reçut le prix à un tournoi qui eut lieu à Rennes, et où il était allé inconnu et contre la volonté de son père. Il terrassa, entre autre, un athlète vainqueur de douze compétiteurs. Le père de Bertrand, fier du succès de son fils, lui pardonna et lui laissa désormais la carrière des armes ouverte.

La bravoure de Bertrand se signala bientôt dans des combats plus sérieux. Les longues querelles de Charles de Blois et du comte de Montfort, qui se disputaient la Bretagne, avaient commencé; Bertrand soutint les droits du premier et assista au siège de Vannes parmi les partisans de son nouveau maître. Il donna des preuves de sa valeur en résistant tout une nuit avec vingt hommes d'armes aux efforts de trois mille Anglais.

Charles de Blois, fait prisonnier par les Anglais; avait racheté sa liberté par une rançon et avait été obligé de donner ses deux fils en otage.

Bertrand fut un des gentilshommes qui accompagnèrent les fils du comte de Blois en Angleterre.

Édouard III imposa une trêve avec hauteur devant les ambassadeurs, qui se taisaient.

— Sire, répliqua hardiment Du Guesclin avec sa rude franchise bretonne, nous observerons la trêve si vous l'observez vous-même, et nous la romprons si vous la rompez!

Bertrand, de retour en Bretagne, harcela les partisans du comte de Montfort, et donna, dans ces escarmouches, des preuves de la plus grande intrépidité. Il prit par surprise le château de Fougerai, et fit lever le siège de Rennes au duc de Lancastre; plus tard, celui de Dinan.

Mais la France se trouvait à ce moment dans un triste état : nos plus belles provinces étaient au pouvoir de l'ennemi;

l'anarchie était au comble, et bien grande aussi la misère publique. Du Guesclin offrit son épée à Charles, duc de Normandie, fils aîné de France, et régent du royaume en l'absence du roi Jean, son père, qui était alors prisonnier en Angleterre. Il fut nommé gouverneur de la ville de Pontorson, et on lui donna une compagnie de cent lances. Du Guesclin, pour premier service, délivre la Normandie d'un parti d'Anglais qui la ravageaient, et fait prisonnier ses deux chefs. Ce fut pendant cette guerre qu'il épousa Tiphaine Raguenel de Dinan, une des plus riches héritières de Bretagne.

La tranquillité rétablie, Bertrand se rend à Nantes auprès de Charles de Blois, qui y tenait sa cour. Ce voyage fut pour Bertrand une marche triomphale. Peu de temps après, Bertrand aida à forcer la ville de Melun, à rendre « la rivière de Seine libre ; » il réduisit aussi la ville de Mantes, et gagna Meulan, la dernière place qui restait à prendre pour débarrasser la Seine. Le gouverneur du château-fort, qui s'y croyait bien en sûreté, dit à Du Guesclin :

— Avant que dans cette tour vous puissiez loger, il faudra, je crois, apprendre à voler.

Malgré cette bravade, Bertrand fit donner l'assaut, et le gouverneur se rendit bientôt sans condition.

Le roi Jean étant mort, le dauphin Charles V lui succéda, et Bertrand voulut inaugurer le nouveau règne par une victoire.

Jean de Grailly, captal (1) de Busch, venait de débarquer à Cherbourg avec quatre cents gens d'armes ; il avait promis à Charles-le-Mauvais, pour le compte duquel il agissait alors, de reprendre Mantes et Meulan ; mais Bertrand était là : après avoir réuni son armée à Rouen, il s'avance

(1) Capitaine.

vers Cocherel, hameau situé près d'Evreux, et taille en pièces les Anglais et les Navarrais (17 mai 1364).

La lutte avait été acharnée; le champ de bataille était couvert de cadavres. Charles V reçut la nouvelle de la victoire, à Reims, quelques heures avant son sacre : c'était la joyeuse étrenne de sa royauté. Cette victoire conserva la Normandie à la France. Le roi alla lui-même à Rouen voir le vainqueur, et l'armée qui l'avait si bien secondé; il fit Du Guesclin maréchal de Normandie et lui donna le comté de Longueville. Il réduisit ensuite à l'obéissance du roi Valogne, Carantan, Pont-de-Douvre, et plusieurs autres places. Sa réputation alors était telle qu'il n'y avait point d'ennemi qui ne tremblât à son nom. Ce nom servait de cri de guerre à ses gens, et d'épouvante aux Anglais. Après ces conquêtes, Bertrand alla en Bretagne au secours de Charles de Blois contre le comte de Montfort. Charles avait signé un traité pour le partage de la Bretagne, mais sa femme, Jeanne de Penthièvre, refusa de le ratifier.

— Je ne suis qu'une faible femme, disait elle, mais je perdrais plutôt la vie que de consentir à une chose si honteuse!

Et elle adjura son mari de ne faire ni paix, ni trêve jusqu'au jour où le duché de Bretagne, en son entier, lui appartiendrait.

Cédant à ses instances, Charles de Blois livra au parti de Montfort la bataille d'Auray; il fut tué et son armée défaite.

Du Guesclin, à la nouvelle de la mort de son protecteur, verse des larmes de rage, il s'élance dans les rangs des vainqueurs, et, lorsque ses armes sont brisées, il se sert de ses poings comme d'une lourde massue. Le brave Chandos, qui le vit près de périr, accablé sous le nombre, put seul obtenir de lui qu'il se rendît prisonnier, en lui disant :

— Rendez-vous, messire Bertrand,

cette journée n'est pas la vôtre (29 septembre 1364).

Cette bataille termina la guerre de Bretagne. Le traité de Guérande assura la possession de cette province à la maison de Montfort, à condition qu'elle rendrait hommage à Charles V.

Bertrand, redevenu libre par les soins de Charles V, qui acquitta sa rançon, rendit un service immense au royaume en le délivrant des *Grandes Compagnies*, ramas de soldats congédiés de toutes les nations, qui pillaient les provinces et formaient une armée considérable commandée par des chefs habiles. Il s'entendit avec eux à l'amiable, et leur persuada d'aller combattre en Espagne ; il se mit à leur tête et les conduisit défendre les droits de Henri de Transtamare, qui disputait à Pierre le Cruel le trône de Castille. Ce dernier avait empoisonné sa femme, Blanche de Bourbon, belle-sœur du roi Charles V.

« Cette princesse, dit M. Choublier, partit de France avec la joyeuse insouciance de son âge (elle avait quinze ans), pour ce royaume où elle ne rêvait que joies et plaisirs, et où elle ne devait trouver que douleurs et persécutions. Elle fut jetée dans une forteresse, et après quelques années d'une vie de larmes et d'angoisses, elle fut mise à mort. »

Bertrand se couvrit de gloire en plusieurs rencontres; il détrôna Pierre-le-Cruel, et fit couronner à Burgos le prétendant Henri de Transtamare. Mais, bientôt après, Pierre-le-Cruel appela à son secours les Anglais, commandés par le Prince-Noir et Chandos. Après des prodiges de valeur, Du Guesclin fut défait et pris à la bataille de Navarette, qui avait été livrée contre son avis (1367). Sur le point d'être pris, il entendit Pierre-le-Cruel crier à ses gens :

— Point de quartier à Du Guesclin !

Bertrand se jeta sur lui, le renversa d'un

coup d'épée, et dit au Prince-Noir en lui tendant son arme :

— J'ai du moins la consolation de la rendre au plus vaillant prince de la terre!

— Eh bien ! messire Bertrand, lui dit le captal de Busch, vous m'avez pris à Cocherel, mais je vous tiens aujourd'hui !

Henri de Transtamare se réfugia en France et trouva moyen de s'aboucher avec Du Guesclin, alors prisonnier à Bordeaux. Celui-ci, rendu à la liberté, retourna en Castille, et vengea sa défaite par la victoire de Monteil (1369).

Du Guesclin n'a jamais été plus grand peut-être que dans cette journée; jamais plus excellent courage ne fut uni à un plus rare génie. A la fin, tout céda à ce grand cri :

« Notre-Dame Guesclin! » Tout fut tué, le roi maure et son fils et ses capitaines; les meilleurs soldats de l'Aragon restèrent sur place. Dans cette extrémité, Pierre-le-Cruel, qui sentait se briser entre ses mains son sceptre impie, cherchait au plus fort de la bataille son frère, don Henri, content de tomber s'il entraînait son frère dans l'abîme. Bertrand arriva avec ses Bretons, qui enfonça les vingt mille hommes, le dernier espoir de don Pèdre.

La victoire de Monteil était gagnée. Cette armée malheureuse laissa sur le champ de bataille ses drapeaux, ses bagages, ses chevaux, ses armes, cinquante mille Maures. Don Pèdre se réfugia, la nuit, au château de Monteil, mais don Henri y accourut et tua son frère d'un coup de poignard.

Henri, devenu roi, nomma Du Guesclin son connétable; mais la France avait encore besoin de son héros breton. Charles V se préparait à recommencer la guerre contre les Anglais; le bon capitaine fut alors nommé connétable, c'est-à-dire chef des armées. Autour de lui se rangeaient les plus braves guerriers : Olivier de Clis-

son, Boucicaut, Jean de Vienne, le Bègue
de Vilaines.

A peine revêtu de sa nouvelle dignité,
Bertrand attaque les Anglais, qui s'étaient
avancés jusqu'aux portes de Paris, les bat
à Pontvallain (Sarthe), puis les chasse
de la Normandie, et leur prend en peu de
temps la Guienne et le Poitou.

A la mort d'Édouard III, en 1377, les
Anglais ne conservèrent plus que les cinq
villes de Bayonne, Bordeaux, Brest, Cherbourg et Calais; la France était délivrée !

Jean, duc de Bretagne, s'étant rappro-
ché des Anglais malgré ses engagements,
Charles V s'empara de son duché; puis il
fit prononcer, par la cour des pairs, la con-
fiscation de la Bretagne. Mais les soldats bretons, jaloux de l'indépendance de
leur patrie, désertèrent l'armée de Du
Guesclin. Celui-ci apprit qu'il était lui-
même accusé de trahison. Aussitôt il
quitte l'armée, laisse l'épée de connétable, jure qu'il ne la reprendra plus, et

veut se retirer en Espagne, auprès de Henri, roi de Castille.

— C'est trop pour un homme de ma sorte, disait-il, d'avoir été soupçonné une seule fois ; je vais mourir en Espagne, où je porterai le désespoir de n'être pas mort en France un an plus tôt.

Charles V reconnut bientôt son innocence, et lui députa les ducs d'Anjou et de Bourgogne. Sur les instances de ces deux princes, il reprit son épée afin de repousser de nouvelles compagnies anglaises et gasconnes qui désolaient les provinces du Midi. Il se rendit devant Châteauneuf-Randon (1) que le maréchal de Sancerre assiégeait ; et, après plusieurs assauts, la place promit de se rendre si elle n'était secourue dans quinze jours.

Sur ces entrefaites, Du Guesclin mourut ; c'était le 13 juillet 1380. Le gouverneur du château, fidèle à sa parole, appor-

____

(1) Forteresse située près de Mende, dans le Gévaudan, aujourd'hui département de la Lozère.

ta les clefs de la ville sur le cercueil du héros. Il sortit suivi de ses troupes et traversa l'armée française rangée en bataille. Sur tout le parcours, les trompettes sonnaient et les étendards anglais s'inclinaient devant les étendards de France.

Le gouverneur entra tête nue dans la tente du connétable, et, devant les officiers qui formaient comme une garde d'honneur à l'illustre mort, il prononça ces paroles :

« Voici les clefs de la ville dont le roi d'Angleterre m'a confié la défense ; je les rends au plus franc chevalier qui ait vécu depuis cent ans passés. »

De grands honneurs furent rendus à sa mémoire, et Charles V voulut qu'il fût enterré à Saint-Denis, dans le tombeau des rois de France, honneur jusque là sans exemple.

Cette mort causa une désolation universelle : chez les soldats, auxquels le con nétable donnait son dernier florin, quand le roi ne les payait pas ; chez le peuple qu'il avait toujours aimé et qu'il avait délivré des Anglais et des Grandes Compagnies. Avant de mourir, le connétable se tournant vers les officiers qui l'entouraient, avait dit :

« Souvenez-vous qu'en quelque pays que vous fassiez la guerre, les gens d'église, les enfants et le pauvre peuple ne sont point vos ennemis. »

On a élevé plusieurs monuments en l'honneur du héros breton. En 1840, le Conseil général des Côtesdu-Nord a fait ériger sur l'emplacement même du château de La Motte-Broon, une colonne de granit d'un poids énorme. A Dinan, existe une place qui porte son nom : c'est la place où il se battit avec Thomas de Cantorbéry. Elle est ornée, depuis 1823, d'une statue de Du Guesclin, en style troubadour.

DEUXIÈME PARTIE

Place à votre aîné ! Arrière tous !

Comme nous l'avons dit déjà, Bertrand, dès son plus jeune âge, se montra indocile, turbulent et querelleur ; il désolait ses parents, qui n'espéraient rien de louable d'un « si mauvais garçon. » Il était souvent réprimandé, et la sévérité dont on était obligé d'user à son égard lui avait aigri le caractère. Un jour que le petit batailleur avait été puni et condamné à être servi à part et à ne pas s'asseoir à la table commune avec ses frères et sœurs pour prendre son repas, il se leva tout à coup de l'endroit qu'il occupait, prit un bâton, courut à la table et s'écria en colère :

— Place à votre aîné ! Arrière tous ! Je veux être avec vous, et si vous dites un mot, je renverse tout, pain, vin et viande.

Puis, se servant lui-même, en enfant mal élevé, il prend « à plein poing. » Sa mère commanda alors à un valet de l'emmener.

— Ne me touche pas, manant, dit Bertrand au serviteur, ou je te ferai payer cher ta hardiesse.

Et l'enfant, furieux, souleva la table et envoya rouler au loin tout ce qui se trouvait dessus.

A ce moment, une religieuse, amie de

la mère de Bertrand, et qui jouissait
d'une haute réputation de vertu et à qui
on attribuait le don de lire dans l'avenir,
s'approcha de l'enfant courroucé, lui parla
doucement et affectueusement; l'apaisa,
lui prédit de hautes destinées, et un bril-
lant avenir! La bonne religieuse s'intéressa
vivement à son petit protégé, elle aimait à
s'entretenir avec lui et elle finit par adou-
cir la rudesse de son caractère. La mère
comprit alors que la douceur avait plus de
prise sur le caractère de son enfant que
la violence, et, depuis ce jour, elle le traita
avec plus d'égards.

O le bouvier ! ô le manant.

C'était en l'année 1338; toute la province de Bretagne était en liesse pour

célébrer le mariage de Jeanne de Penthiè-vre, nièce du duc, avec Charles de Châtil-lon, comte de Blois. Le duc, à cette occa-sion, donna de grandes fêtes aux sei-gneurs assemblés pour assister aux noces de l'héritière de Bretagne. Un tournoi est annoncé, le champ clos est à Rennes.

« A l'annonce de cette fête guerrière, dit M. Jules Janin, le jeune Guesclin, qui n'avait que dix-sept ans, sent battre son cœur d'une ardente convoitise. Son père était un des jouteurs du tournoi, et, le grand jour arrivé, il part, laissant son fils aîné seul au château... Bertrand ne put résister au désir d'assister à ce mer-veilleux pas d'armes, il prit un méchant cheval et galopa vers Rennes. Dans les rues pavoisées de cette ville, circulaient gentiment « les dames de prix » et les jolies bourgeoises, « blanches comme fleurs de lys ».

» — Hé ! Dieu, se dit Bertrand, je suis laid, mais l'honneur me ferait des amis.

» Disant ces mots, il courbait la tête, car on se le montrait avec dérision :

» — O le bouvier ! disait-on, ô le manant, qui s'en va chevauchant sur le cheval d'un meunier !

» Mais Bertrand est tiré de sa doléance par le son des trompettes ; c'est le tournoi ! on prépare les lances, les écus ; les écharpes flottent au vent ; les meilleurs Bretons entourent l'écu de la Bretagne, la lutte commence : plus d'une lance vole en éclats, plus d'un coursier tombe dans la poussière, plus d'un casque roule sur l'arène. Cependant, un écuyer qui avait fourni sa course s'en retournait dans sa maison, sans plus s'informer de l'issue de la journée. A ce moment, Bertrand eut une heureuse inspiration ; il suit le gentilhomme chez lui, et là, se jetant à ses pieds, la tête haute, les mains jointes, le regard ardent

» — Ah ! dit-il, par notre dame la sainte Vierge, monseigneur, prêtez-moi vos armes et votre cheval, et je ne l'oublierai tant que je vivrai.

» A cette touchante prière, l'écuyer répond :

» — Je vous armerai sans plus tarder, soyez content.

» Et quand il fut armé, sur le cheval monta, et le voilà qui entre dans la lice, la visière baissée.

» Du premier coup de lance, Bertrand jette sur l'arène un premier adversaire, le cheval meurt sur le coup. Le chevalier, furieux, se relève, il est terrassé une seconde fois. Ce que voyant, le seigneur Du Guesclin se présente pour faire vider les arçons au nouveau venu ; mais Bertrand reconnut son père à sa devise, refusa le combat et baissa sa lance en signe de courtoisie. Survint un troisième champion, et le jeune homme, du premier coup, fait voler en éclats la visière de ce chevalier, ce qui était le comble de l'art en champ clos. Enfin, après quinze lances, un chevalier normand enleva à Bertrand sa visière, et chacun reconnut le jeune rustre, monté naguère sur un cheval de meunier. Il fut le héros de la journée ; les chevaliers battaient des mains, les dames agitaient leurs écharpes. Son père lui pardonna et, ivre de joie, le porta lui-même en triomphe et le déclara l'orgueil et la gloire de sa famille. Bertrand reçut le prix de la lutte et alla l'offrir au chevalier qui lui avait prêté son cheval et ses armes.

Une amusante ruse de guerre

Bertrand était renfermé dans Rennes ; il ravitailla, par un singulier stratagème, la ville épuisée. Lancastre, voulant attirer la garnison dehors, lâcha, non loin des remparts, de l'autre côté de la Vilaine, environ deux mille porcs, espérant que les soldats, affamés, n'hésiteraient pas à faire une sortie. Bertrand, qui comprend le but de son ennemi, veut jouer au plus fin; il fait chercher une truie dans la ville et quand on l'a trouvée, il fait pendre la pauvre bête, par une patte et la tête en bas, à l'un des montants du pont-levis; on lui tenaille ensuite les oreilles, elle pousse des cris lamentables... Les autres porcs, entendant cette clameur, se précipitent et viennent en foule auprès de la malheureuse victime. Quand ils furent tous rassemblés, le pont-levis fut relevé, et les habitants de Rennes éprouvèrent une grande joie d'avoir tant de victuailles à leur disposition.

Six, si vous voulez

La même année, Du Guesclin, escorté de cent hommes d'armes, pénètre, à la pointe du jour, dans le camp ennemi, frappe à tort et à travers sur les Anglais à demi éveillés, enlève un convoi de deux cents chariots chargés de provisions et parvient à entrer dans Rennes avec cette riche proie. Lancastre eut le plus vif désir de voir cet homme vraiment extraordinaire qui, avec si peu de monde, avait osé et accompli de telles choses. Il envoya un héraut à Du Guesclin pour l'inviter à venir le trouver. Bertrand n'hésita pas à accepter l'invitation, et se rendit près du duc. Tandis qu'il était là, un Anglais, appelé Bembro, lui porta un défi en lui disant :

— Vous avez pris Fougerai, vous avez tué Bembro, mon parent, qui en était gouverneur, je désire venger sa mort et demande à faire trois coups d'épée contre vous.

— Six, répondit Du Guesclin en serrant la main de son adversaire, et plus si vous voulez.

Le combat eut lieu le lendemain. Bertrand, victorieux, jeta l'Anglais mort sur le sable, puis il prit son cheval, comme marque de sa victoire. Ce cheval, il le donna ensuite au héraut qui avait apporté l'invitation de Lancastre.

Qui s'y frotte s'y pique !

La ville de Dinan était bloquée par le duc de Lancastre. Pendant une trêve

consentie entre les deux partis, Olivier
Du Guesclin, frère de Bertrand, qui était
sorti seul, hors de la ville, fut fait prisonnier par Thomas de Cantorbéry. Bertrand,
en apprenant cette nouvelle, sauta en
selle, et se rendit au camp des Anglais,
il alla droit au duc de Lancastre, et
réclama la liberté de son frère.

— Sire Bertrand, votre frère vous sera
rendu, dit Lancastre.

— Beau Seigneur, grand merci, dit
Du Guesclin, mais il faut que la répara-
tion soit complète, je voudrais voir le
chevalier.

Quand Thomas fut en présence de Bertrand, il refusa de rendre le prisonnier,
et provoqua le fier Breton.

— Faux chevalier, dit Guesclin, je ne
mangerai que trois soupes au vin avant
d'avoir châtié ta félonie, tu veux te battre,
je le veux bien aussi, et je te ferai con-
naître pour un méchant et pour un
traître.

La cause de Bertrand parut juste à tous les Anglais, et le combat fut décidé. Jean Chandos, grand admirateur du héros français, lui prêta son meilleur cheval.

Quand on sut, à Dinan, que le chef sur lequel on comptait, allait s'exposer au hasard d'une rencontre, ce fut une désolation générale, les remparts se couvrirent d'une foule inquiète, mais, d'après une tradition, il se trouva alors une jeune fille qui rassura la population affolée et annonça que Bertrand sortirait vainqueur de la lutte. Cette jeune fille, très vertueuse, merveilleusement belle, et que Bertrand épousa plus tard, se nommait Tiphaine Raguenel. Sa famille était une des plus illustres du pays et, grâce à son éducation tout à fait exceptionnelle pour l'époque, elle s'était acquis un grand crédit dans toute la Bretagne. Elle était, dit-on, si habile dans l'astrologie et les autres sciences occultes, qu'elle passait pour une fée aux yeux de la foule.

Le duc de Lancastre se rendit à Dinan avec ses principaux officiers, et le combat eut lieu sous ses yeux. Jamais le sire Du Guesclin n'avait été plus magnifique : riches habits, bassinets d'or, et le glaive, le harnois et le cheval à l'avenant. Moins assuré était déjà le chevalier anglais ; à la dernière minute, un accommodement est proposé par lui, mais Bertrand ne veut rien entendre. Les champions s'attaquent avec ardeur ; après avoir combattu à cheval, ils mettent pied à terre ; l'Anglais se défend avec sa dague, mais Du Guesclin fond alors sur lui comme un lion, le serre à l'étouffer et le jette contre terre avec une violence telle que le malheureux reste tout étourdi sur la place. Bertrand tire alors son épée et va pour lui trancher la tête ; mais des chevaliers accourus au nom du duc de Lancastre, demandent grâce et merci pour le vaincu, et le vainqueur se laisse toucher.

Lancastre fit délivrer à Bertrand les

armes et le cheval de Thomas, il força, en outre, celui-ci à payer mille florins au vainqueur ; puis, ce fier-à-bras, dont la violence n'avait d'égale que l'orgueil, fut chassé de l'armée anglaise.

Un noyé qui ressuscite!

Les Anglais s'étaient rendus maîtres de Melun ; de là, ils fatiguaient Paris, parce que, maîtres de la Seine, ils enlevaient tous les bateaux qui portaient des vivres et des marchandises dans cette ville. Le régent, depuis Charles V, voulut aller faire le siège de Melun ; il partit de Paris avec un corps de troupes considérable, Bertrand l'y suivit, accompagné de braves dont il avait éprouvé la valeur dans toutes ses expéditions de Bretagne. Melun était défendu par le baron de Mareuil, du parti de Charles-le-Mauvais, roi de Navarre. La ville fut investie, et comme on voulait pousser rapidement les opérations du siège, un assaut général fut donné au point du jour. Toutes les troupes se portèrent au pied des murailles de la forteresse. Tandis que les uns plantaient des échelles pour monter, les archers et les arbalétriers français tiraient une grêle de flèches de dessus les remparts pour en écarter les assiégés, qui se défendaient avec courage et intrépidité. Le baron de Mareuil s'y signalait entre tous les autres, il remplissait à la fois les devoirs de soldat et de capitaine et les coups qu'il portait étaient si justes, que personne n'en échappait. Bertrand jura alors « que par Dieu qui peina en croix, et au tiers jours ressuscita, il irait aux créneaux parler à sa barette. »

A ces mots, il s'empare d'une échelle, l'applique contre la muraille et monte, l'épée à la main, en se couvrant de son bouclier.

Il monte jusqu'aux derniers échelons, bravant le baron, et lui criant qu'il allait lui faire sentir la force de son bras et lui prouver l'injustice de la cause qu'il soutenait contre le dauphin de France. De Mareuil jeta alors sur l'échelle une grande caque de pierres qui la rompit et fit tomber Bertrand tout armé, la tête en bas, dans les fossés pleins d'eau. Son armure ne lui laissait pas la liberté de ses mouvements, et il se serait infailliblement noyé, sans le Dauphin qui, assistant d'une fenêtre à l'attaque de la place, cria qu'on le secourût de suite. Un des gardes de ce prince vola à son secours, le saisit, et parvint à le sauver.

Bertrand, presque asphyxié, paraissait plus mort que vif. On le porta dans un fumier chaud qui lui fit reprendre connaissance ; il demanda à ceux qui l'environnaient, « quels diables l'avaient apporté là, et si l'assaut était fini. » On lui répondit qu'il avait assez bien employé sa journée et qu'il devait se reposer. Mais l'infatigable Breton, le sabre à la main, retourne à l'assaut, court aux barrières, et là, sans fléchir sous le coup de ses adversaires, terrible comme un bélier ou comme une machine de guerre insensible, il fait rage.

L'attaque des Français avait été si meurtrière que, le lendemain, les assiégés demandèrent à capituler, et le Dauphin reçut à composition la ville et le château de Melun qui lui furent remis. A la suite de cet exploit, le Dauphin nomma Du Guesclin gouverneur de Pontorson, (1) et capitaine de cent hommes d'armes. Pontorson, situé dans l'anse de la baie du Mont-Saint-Michel, devint, par la suite, la résidence favorite de Du Guesclin.

(1) **Place défendue par un château fort.**

A coups de poings !

Du Guesclin ayant formé le projet d'enlever le château de Fougerai, eut la pensée, pour mieux y réussir, de se travestir en bûcheron, ainsi que soixante hommes de sa troupe. Il les divisa en quatre bandes et les fit sortir un à un d'une forêt voisine dans laquelle ils s'étaient cachés pendant la nuit. Ils parurent au point du jour, portant tout une charge de bois dans laquelle ils avaient dissimulé leurs armes. Bertrand se présenta d'abord au pont du château avec quatre de ses compagnons ; la garde, qui ne se défiait de rien, leva la herse

Alors les faux bûcherons s'y engagent, déposent leur fardeau de manière

à empêcher la herse de retomber, s'é-
lancent sur le portier en criant :

— Guesclin !

A cet appel, les autres compagnons ac-
courent, et ce fut une tuerie effroyable.
Bertrand n'avait que soixante hommes, et
il y avait plus de deux cents Anglais dans
la place. La résistance fut vive de part et
d'autre. Bertrand, armé d'une cognée,
frappait à droite, à gauche, et charpentait
tous les Anglais qui se présentaient devant
lui, malgré les blessures qu'il avait reçues.
Le sang qui coulait de son visage l'aveu-
glait et le gênait dans sa défense.

Malgré la valeur de cette poignée
d'hommes, l'instant arrivait où ils allaient
être obligés de battre en retraite, quand,
par bonheur, un parti de cavalerie, qui
tenait pour Charles de Blois, vint à passer
par là et put les dégager de la position
critique où ils se trouvaient. A l'aide de
ce secours inespéré, les Anglais lâchèrent
pied et la ville fut prise.

On raconte que, dans la mêlée, Bertrand lutta seul contre dix Anglais, et qu'ayant perdu sa cognée, il se servit des armes naturelles qui restent toujours à la disposition des combattants : les poings ! Et ceux du héros Breton n'étaient pas petits, — paraît-il. — Malheur à l'homme sur lequel ils s'abattaient !...

Du Guesclin ne savait pas lire, mais il savait bien parler.

Le roi Charles V était fort préoccupé des ravages exercés par les Grandes Compagnies. (On donna ce nom à des bandes armées, à des troupes mercenaires qui dévastèrent la France au XIVe siècle et y commirent d'effroyables ravages.) Du Guesclin proposa d'en délivrer le royaume en se mettant à leur tête pour aller combattre les Sarrasins. Sa proposition fut acceptée par le roi avec une vive reconnaissance, il se mit en route et se rendit vers les chefs de bandes, à Châlon-sur-Saône, lieu où ils avaient établi leur quartier général.

— Dieu garde, dit-il en saluant, les compagnons que je vois là.

Tous s'inclinèrent, et Bertrand reprit :

— Si Dieu le veut, ceux qui voudront me suivre seront tous riches en peu de temps.

Les soudards répondirent :

— Vous êtes le bien venu, sire, parmi nous et nous ferons tout ce qu'il vous plaira.

— La plupart d'entre vous, ajouta Du Guesclin, ont été autrefois mes compagnons ; vous êtes tous mes amis. Vous n'êtes point faits pour ravager et ruiner des provinces, mais pour les conquérir et pour les conserver. Je sais où la nécessité peut porter les hommes les plus vertueux. Je viens vous donner les moyens, en subsistant avec honneur, de combattre avec gloire : l'Espagne presque entière gémit dans les fers des Sarrasins ; vous aimerez mieux être les libérateurs d'un grand peuple que de ruiner une nation entière. Au reste, pour vous aider à faire ce voyage, le roi vous fait don de 200,000 florins d'or.

— Après ces paroles, les chefs se consultèrent et, après une longue délibération, eux et les manants présents jurèrent leur foi et leur serment.

Quand Bertrand eut l'écrit scellé des chevaliers, il dit :

— Que je sois écouté ! Quand j'aurai été à Paris, vous y viendrez, je vous montrerai au roi et nous partirons quand j'en donnerai l'ordre. Je vous prie de livrer les forts au roi.

Ils répondirent :

— A votre volonté.

Quand Du Guesclin revint à la cour, le roi l'embrassa, et lui dit :

— Je ne m'étais pas trompé en croyant que mon brave Breton réussirait dans sa mission. Bertrand, le service que vous venez de me rendre est aussi important à ma couronne que si vous m'aviez fait seigneur d'une grande province. Que Dieu veuille garder votre corps et que je puisse vous voir encore en joie et en santé.

Que vous plaît-il de me donner?

Après le combat de Navarette, Du Guesclin fut fait prisonnier par le prince de Galles, et retenu à Bordeaux dans une ennuyeuse et assez longue captivité. Il fallut une ruse pour que Du Guesclin eût le droit de traiter de sa rançon.

— Monseigneur, dit un jour le sire d'Albret au prince de Galles, qu'ai-je entendu raconter? N'a-t-on pas dit que si vous ne mettiez pas Bertrand à rançon. c'est que vous en aviez peur?

— A l'instant même, le prince, piqué au vif, envoya chercher Bertrand dans sa prison.

— Par ma foi, monseigneur, dit Du Guesclin quand il eut mis un genou en terre, je m'ennuie fort de n'entendre que le cri des souris de Bordeaux, quand chantent si bien les rossignols de mon pays!

— Sire Bertrand, dit le prince, on prétend que je vous crains, et moi, je vous mets à rançon ; que vous plaît-il de me donner?

Alors Du Guesclin relevant la tête fièrement, dit :

— Si ce n'est que l'argent, je suis libre ! ma rançon ne peut être moins de cent mille florins d'or.

Le prince fut étonné :

— Et où les prendrez-vous, Bertrand ?

Le Breton s'écria noblement :

— Le roi de Castille en payera moitié, et le roi de France le reste ; et si ce n'était point assez, il n'y a femme en France sachant filer, qui ne filât pour ma rançon. »

Et Bertrand, libre sur sa parole, alla trouver le roi de France qui lui acquitta sa dette, le reçut comme un ami, et l'hébergea durant huit jours.

Ce qui vaut mieux que l'argent.

Bertrand, après de glorieuses campagnes, vint passer quelque temps dans son château de la Roche-Derrien, dont sa femme, la dame de Raguenel, faisait les honneurs avec grande magnificence et grande courtoisie. Il s'informa près d'elle de cent mille livres gagnées en Espagne, et qui avaient été déposées au Mont-Saint-Michel.

— N'y comptez pas, dit la noble dame, ne comptez ni sur cet argent, ni sur les revenus de nos terres ; j'ai tout donné à vos compagnons pour se racheter et pour acheter des armes, Vous n'avez plus d'argent, monseigneur, mais je vous ai fait beaucoup d'amis.

— Ah ! ma dame, s'écria-t-il joyeux, voilà de l'argent bien placé, qu'est-ce qu'une terre comparée à un bon soldat, à un ami?

On raconte qu'un jour cette femme, digne du héros qu'elle avait pour époux, voyant qu'il hésitait à se remettre en campagne, lui dit :

— La France doit retrouver par vous son ancienne splendeur, et voilà que pour l'amour de moi, vous voulez perdre la gloire qui vous était acquise. Certes, je ne le souffrirai pas, car celle qui attend de vous sa gloire, serait aussi cause de son humiliation.

Alors Du Guesclin reprit son épée, et continua le cours de ses exploits.

Un Baptême guerrier.

Charles V avait rappelé Du Guesclin à la cour; il lui demanda d'être le parrain de son second fils, Louis, duc d'Orléans. Lorsque le baptême religieux fut accompli, le connétable voulut donner au royal enfant le baptême guerrier, il fit poser les faibles mains de l'enfant sur sa lourde épée nue, et lui dit:

— Monseigneur, je vous donne cette épée. Je prie Dieu qu'il vous donne un si bon cœur, que vous soyez aussi preux et aussi bon chevalier, que ne le fut jamais roi de France qui portàt épée.

La digne sœur d'un héros.

Julienne Du Guesclin, sœur de Bertrand, était religieuse de l'Ordre des Bénédictines ; elle fut plus tard, abbesse de Saint-Georges, à Rennes. Julienne, dit M. Larousse, fut bonne, douce et pieuse ; elle passa ici-bas, comme Jésus, en faisant le bien. Mais l'histoire a oublié sa piété, sa bonté, sa douceur, pour ne se souvenir que de l'action courageuse, du haut fait d'armes que nous allons raconter et qui prouve qu'elle était la digne sœur de son héroïque frère. Les Anglais, en l'absence de Du Guesclin, voulurent s'emparer par surprise de Pontorson, place importante par sa position. Le couvent des Bénédictines, dont les murs formaient une partie des remparts de la ville, leur parut facile à emporter, car il n'était gardé que par de saintes filles qui ne songeaient guère à se transformer en amazones. Au milieu de la nuit, une troupe d'Anglais, qui devait suivre l'armée entière à un signal donné, et que commandait le capitaine Felton, s'avance vers la sévère et silencieuse retraite à pas de loup; ils appliquent les échelles d'assaut contre les murs; ils montent; ils sont sur le point de les franchir, de crier victoire, lorsque, l'épée en main, apparaît une religieuse; intrépide, ardente, elle se précipite sur le premier soldat qui s'avance à sa portée et le culbute; un second, puis un troisième, a le même sort, et va se briser la tête au pied de la sainte maison. Cette digne devancière de Jeanne d'Arc et de Jeanne Hachette, qui venait de sauver son couvent et la ville, — car bientôt, au bruit du cliquetis de son épée contre l'épée ennemie, à ses cris, on était accouru, et les assiégeants avaient été forcés de renoncer à leur projet, cette héroïque femme, cette courageuse amazone, c'était Julienne Du Guesclin. »

- Le lendemain, le connétable de Charles V accourait au secours de la place que venait de sauver sa sœur et qui craignait une seconde surprise de l'ennemi ; il rencontre l'armée anglaise, la met en déroute et s'empare de Felton, son général.

La chronique rapporte que lorsque Tiphaine Raguenel, l'épouse de l'heureux vainqueur, aperçut l'infortuné vaincu au milieu des prisonniers, elle ne put s'empêcher de lui dire, non sans une pointe d'ironie ou mieux de malice toute féminine :

— Comment ! brave Felton, vous voilà encore !... C'est vraiment trop pour un homme de cœur comme vous d'avoir été battu, dans l'intervalle de douze heures, une fois par la sœur, une fois par le frère.

Julienne mourut en 1405, à l'âge de soixante douze ans.

Portrait de Du Guesclin

Si vous voyiez apparaître devant vous, dans le costume le plus simple des guerriers du XIVe siècle, un homme de moyenne stature, trapu, carré, les épaules larges et élevées, les bras démesurément longs, la tête grosse avec un teint brun, des yeux verts et petits, d'épais sourcils noirs, un nez épaté, une grande bouche, et quelque chose de commun, de grossier répandu sur toute sa personne, devineriez-vous dans cet homme le connétable de France, le plus grand capitaine et le modèle accompli des héros de son temps, messire Bertrand Du Guesclin ?

Un chroniqueur a dit en parlant de Bertrand :

> Je crois qu'il n'est si laid de Rennes à Dinan
> Camus était, et noir, malotru et massant.

Le héros breton disait de lui-même :

— Je suis fort laid, mais l'honneur me fera des amis, et je saurai me faire craindre des ennemis de mon roi.

Ce qu'on doit penser du grand Connétable

Du Guesclin est un des hommes les plus complets du XIVe siècle. Brave comme pas un, et soldat dans toute l'acception du terme, ce fut le plus hardi capitaine d'aventuriers qu'on put voir. Tout en affrontant le péril avec une audace incroyable, le faisant en quelque sorte naître, comme à plaisir, pour ensuite le braver avec plus d'éclat, tantôt, au contraire, se déguisant, dressant des embuscades nocturnes, ou fondant à l'improviste sur un ennemi surpris et désarmé, il ne néglige aucun moyen pour vaincre et ne recule jamais devant aucune difficulté, persuadé que celles qu'on ne peut attaquer de front, ou peut les tourner.

Quand, plus tard, au lieu d'une bande de quelques soldats d'aventure, il commande une armée, le général se révèle et, le premier peut-être, il invente une tactique et ne lance plus seulement comme au hasard des masses d'hommes les unes contre les autres. Il calcule les chances probables du succès, il devine les péripéties de la lutte, échelonne des réserves et semble tout prévoir et tout préparer en vue de l'issue finale.

Le courage, qui est le trait distinctif de son caractère, on pourrait presque dire de sa nature, n'exclue pas chez lui la prudence, et lorsqu'il sent qu'il a dans ses mains les destinées d'un grand pays, il sait se modérer pour vaincre, et, suivant pas à pas, avec une poignée d'hommes, cette armée formidable qui doit anéantir la France, il l'amène jusqu'à Bordeaux, l'ayant décimée et vaincue, sans même avoir combattu contre elle, et il exécute cette marche magnifique à travers la France, qui seule aurait pu suffire pour illustrer son nom.

Il est comblé de richesses, les honneurs pleuvent sur lui, mais il fait peu de cas des uns et des autres : les honneurs, il semble les dédaigner et ne tient qu'à son honneur; aussi n'hésite-t-il pas à renvoyer cette épée de connétable qui lui brûle les mains le jour où, même injustement, le roi a pu le soupçonner. Quant à l'argent, ce qui est à lui est aux autres. Les sommes énormes qu'il a rapportées d'Espagne, il les dépense en quelques jours et sans compter, pour payer les soldats du roi et lui gagner des victoires.

Ce que Du Guesclin a fait pour la France

Au XIVe siècle, une révolution s'opère dans les divers Etats de la Gaule. Depuis tantôt cinq cents ans, la Gaule était divisée en plusieurs Etats souverains, qui obéissaient, ceux-ci à l'influence de la royauté française, ceux-là à l'influence de la royauté anglo-normande. A laquelle de ces deux influences restera la Gaule ? Là était la question quand Bertrand Du Guesclin vint au monde; question longtemps débattue et longtemps entourée d'obscurités et de périls, jusqu'à ce qu'enfin, grâce à l'épée de son connétable, la France eût échappé au joug de l'Angleterre.

Qui l'eût prévu, cependant, qu'un jour les rois de la race capétienne l'emporteraient sur les princes de la race anglo-normande; que de ces brillants Plantagenets tout-puissants dans la Gaule occidentale, rien n'allait rester debout, sinon le souvenir, et que, d'une façon si complète, la Normandie même finirait par oublier ses origines pour redevenir tout à fait, d'esprit et de cœur, une province française?

Pour que l'avenir s'occupe du héros, il faut que l'œuvre du héros soit restée grande et imposante. Or, le travail du connétable Du Guesclin, le voici :

Il a puissamment aidé à briser l'élément féodal; il a fait de la royauté française un pouvoir à part, vivant de sa propre vie et n'empruntant rien à personne ; il a fait de la nation française une nation indépendante de tout entourage ; il a dit :

« Marche!... » Et elle a marché. « Sois grande et forte!... » Elle a été forte et grande !... « Ne compte que sur ton épée... et sur la mienne ! » Et la France a appris à devenir une nation. — Et plus elle devenait une nation, moins l'élément étranger restait possible ; plus nous étions Français, et moins grandes étaient les chances de l'Angleterre.

Du Guesclin jugé comme guerrier

« Le génie guerrier de Du Guesclin, dit M. Henri Martin, se forma dans les longs débats de la succession de Bretagne.

Souvent les chevaliers considéraient alors la guerre comme une lice où l'honneur était à qui donnait les plus beaux coups d'épée; il n'importait vraiment guère à quel parti demeurait la victoire; on se préoccupait peu du résultat. Bertrand, avec son sens droit et positif, ne l'entendit pas ainsi. Moins courtois à l'ennemi, plus pitoyable aux pauvres, il prit la guerre au sérieux et la fit bonne et rude. Aussi susceptible que qui que ce fût sur le point d'honneur individuel, et toujours prêt à descendre en champ clos contre tout venant, il regardait l'application des idées du point d'honneur à la guerre comme une absurdité, et, dès qu'il se trouvait en campagne à la tête d'une troupe de gens d'armes, il ne connaissait plus d'autre but que le succès; la force ouverte ou la ruse, tout lui était bon: quoique terrible sur le champ de bataille, il aimait de prédilection les surprises nocturnes, les embuscades, les stratagèmes où se déployait son esprit inventif; il aimait à combiner ses mouvements, à étudier les accidents du terrain, à mettre à profit toutes les circonstances qui pouvaient influer sur le sort des armes. Il voyait dans la guerre une science et non un jeu de hasard.

» Ce n'était pas là, comme on l'a dit, détruire la poésie de la guerre chevaleresque, c'était rendre la vie au génie militaire de la France, étouffé sous cette chevalerie de théâtre qu'avaient mise en faveur les premiers Valois. »

Un autre écrivain a dit sur le même sujet :

« Du Guesclin entendit seul la guerre qu'il fallait faire à l'Anglais. Les batailles étaient impossibles; les imaginations étaient frappées depuis Crécy et Poitiers. Chose bizarre ! les Français qui, sous Du Guesclin, forcèrent les Anglais dans plusieurs places, hésitaient à rencontrer en plaine ceux auxquels ils ne craignaient pas de donner assaut ; il leur fallait être tout au moins en. nombre double. Ils commencèrent à se rassurer lorsque Du Guesclin, suivant l'armée de Knolles, dans sa retraite, enleva deux cents Anglais avec quatre cents Français. »

Les Devises héroïques

DE

BERTRAND DU GUESCLIN

Un faucon qui fond sur un héron renversé en l'air.

La vertu généreuse n'appréhende rien.

Le faucon courageux ne craint point le bec du héron.

Le connétable ne craignait aucun danger ; il affrontait avec courage les occasions les plus périlleuses.

Un soleil qui se plonge dans l'eau.

*C'est moi qui ai donné la splendeur à
l'Espagne.*

Le soleil couchant éclaire les Espagnols et les
parties occidentales.

Le connétable donna le royaume d'Espagne à
celui à qui il appartenait.

—

Un bout de flambeau allumé.

Il brille en mourant.

Les flambeaux donnent plus de lumière quand
ils tirent à la fin.

On apporta les clefs d'une ville au connétable
mourant.

—

Un rhinocéros.

*La vertu fait souvent ce que la beauté
ne peut faire.*

Le rhinocéros est remarquable par sa force,
encore qu'il soit laid.

Le connétable n'était pas beau ; mais il était
vaillant et vertueux.

—

4,

Ajoutons ici que Du Guesclin avait aussi pris pour devise : Notre-Dame-Guesclin ; et cette devise, inscrite sur son écu, devint la terreur des chevaliers sur le champ de bataille comme dans les fêtes de la noblesse.

EN AVANT !

Le tambour bat, le clairon sonne ;
Qui reste en arrière ?... Personne !
C'est un peuple qui se défend,
    En avant !

Gronde, canon, crache mitraille !
Fiers bûcherons de la bataille,
Ouvrez-nous un chemin sanglant !
    En avant !

Le chemin est fait : qu'on y passe !
Qu'on les écrase, qu'on les chasse !
Qu'on soit libre au soleil levant !
    En avant !

Allons ! les gars au cœur robuste,
Avançons vite et visons juste,
La France est là qui nous attend,
    En avant !

Leurs canons nous fauchent, qu'importe !
Si leur artillerie est forte,
Nous le saurons en l'enlevant,
    En avant !

En avant ! tant pis pour qui tombe,
La mort n'est rien. Vive la tombe
Quand le pays en sort vivant.
    En avant !

PAUL DÉROULÈDE.

TURENNE ET LE COLONEL DE CHOISEUL

—

Le maréchal de Choiseul raconte qu'étant colonel, il eut le malheur de faire une course hâtée pour un motif de peu d'importance. Précisément, en son absence, son régiment eut ordre de sortir de la place pour couvrir un convoi. Il y eut une action où ce corps, commandé par le lieutenant-colonel, se fit beaucoup d'honneur. L'absence du chef était une faute irrémissible alors, et ce doit l'être toujours. Le régiment devait rejoindre l'armée, et Choiseul suivait désespéré, bien résolu de se jeter dans la première chartreuse, quand, par des lettres de compliments de ses amis, il apprend que Turenne a dit :

« J'avais chargé le comte de Choiseul d'une commission secrète, et je lui ai fait manquer l'occasion de se distinguer, j'en suis vraiment fâché ! »

Le pauvre comte vint en secret baigner de ses larmes les pieds de son second père, qui n'eut pas la peine de lui faire une leçon.

Lorsque le jeune étourdi fut devenu maréchal de France, il conta cette anecdote. Voilà la vraie tolérance, voilà la magnanime bonté !

LE VIN EST TIRÉ, IL FAUT LE BOIRE

Au commencement de l'expédition d'Egypte,
1798, l'avant-garde de l'armée française
avait quitté son bivouac, à quatre heures du
[...], pour continuer à travers les sables la
[...] sur le Caire.

Assez calme d'abord, la marche fut bientôt
[trou]blée par de vives souffrances. Des sables
[mo]uvants où le pied s'enfonçait et ne se fixait
qu'avec peine, une soif ardente qu'irritait la
[per]fide illusion du mirage, donnant à ces plai-
[nes] toujours brûlantes, l'apparence d'un lac, le
[poi]ds des armes et havresacs étaient un sup-
[plic]e de tous les instants. La consternation

était peinte sur tous les visages ; le découragement s'emparait de nos malheureux soldats ; ils allaient peut-être se laisser aller à des actes d'indiscipline, quand le général Mireur, qui s'aperçut de l'état des esprits, fit arrêter sa troupe et la réunit autour de lui. Il était très aimé des soldats et savait mieux leur parler que personne. Après quelques paroles énergiques sur le devoir militaire, il leur montra l'impossibilité de revenir sur ses pas ou de s'arrêter une fois qu'on est engagé dans le désert :

« — Quand le vin est tiré, il faut le boire ! » concluait-il naturellement.

Jamais proverbe n'avait contrasté plus drôlement avec la situation. Parler de vin et de boire à des hommes qui meurent de soif, était trop comique pour ne pas réveiller la bonne humeur de nos troupiers. Ils éclatèrent de rire, et il n'en fallut pas plus pour changer leurs dispositions. Le découragement fit place à une gaîté folle, et la marche continua jusqu'à dix heures du soir au milieu des lazzis et des chants.

Limoges. — Imp. Marc Barbou et Cⁱᵉ.

www.ingramcontent.com/pod-product-compliance
Ingram Content Group UK Ltd.
Pitfield, Milton Keynes, MK11 3LW, UK
UKHW021154220726
13924UKWH00003B/1135